L'ORIGINE

DES CONS SAUVAGES.

L'ORIGINE

DES CONS SAUVAGES,

LA MANIERE DE LES APPRIVOISER,

LE MOYEN DE PRÉDIRE TOUTES CHOSES ADVENIR PAR ICEUX.

Plus le Bail à ferme desdits Cons, avec les sens et rentes, et tout ce qui en dépend.

Plus la source du gros fessier des Nourrices, et la raison pourquoi elles sont si fendues entre les jambes.

Chez JEAN DE LA MONTAGNE,

A LYON.

1797.

AVERTISSEMENT AU LECTEUR.

AMI lecteur , je te veux advertir touchant ces cons , qu'il y en a de trois sortes plus fréquens. Les ungs sont élevés et ont une entrée plus adroicte que les autres ; ceux-ci sont volontiers cons nobles, qui sentent leur gentillesse , frottés de civette et de musque. Les autres sont au milieu du chemin de Morvent, lesquels sont fort hantés , qui est la cause que les mesures

1 **

ne se rapportent pas. Tels cons sont volontiers rustiques ou villageois , cogneux de longue main , et sont puans, à cause de leur fréquentation ès escurie, cuisine , et garniers à foin, prompts à vuider leurs différends au premier poinct d'honneur. Les autres sont à un doigt près du cul , et n'ont point esté hantés ; car quand ce vient à approcher le bidault, il glisse en bas, et fait son pertuis à la longue. Ces cons sont de pucelles nouvelles percées, lesquels sont volontiers sucrés et amiellés, et ne sentent point.

LE PROLOGUE

DE L'AUTEUR.

Moi, considérant les profits et domages de se marier ou non, et par une studieuse et ingénieuse curiosité, longuement ambigueuz et douteuz, lequel on devoit faire ou laisser, je m'alai adviser d'une aspre et difficile demande, autrefois menée entre aucuns gentilhommes, étudians trop douteux, et faisant difficulté si, en se mariant, seroit convenable de prendre une vefve, dont en sourdit une grosse question non accoutumée.

Et pour satisfaire à ceux qui étoient en cette forest des cons, estimant et pensant qu'en multitude de nopces, est requis grand nombre de cons; et d'autant que les mariages des uns, ni les espoux, ni les espouses, ne ressemblent jamais les uns aux autres, pour cette cause et raison je veux dire et conclure, selon les différentes nopces et espouses, les cons aussi différens. Et pour avoir

cognoissance de la distinc-
tion et différence d'iceux ,
de leurs fâcheries et délectations ; et pour enseigner à
tous hommes l'eslection ou re-
probation d'iceux , afin qu'ils
puissent fuir et éviter tant de
misérables maladies et incon-
véniens qui s'ensuivent. Et
pour ce qu'en lisant ce petit
traité , aucuns se pourroient
ébayr comment j'ai tant vou-
lu peiner à magnifier les mariages des vefves , qui s'appellent secondes nopces , et
les légistes en ce cas usent
d'un terme qui s'appelle con
voler. C'est une chose bien

sauvage que de voir un con
voler : toute fois pour ces
convolemens , les secondes
nopces sont reprouvées de
droit civil ; et semble propre-
ment que les loix impériales
tiennent pour profanes et ex-
communiées les femmes qui
se marient deux fois. Car ,
quand elles sont mariées pre-
miérement , et que l'on vient
au dépucelage , que nos an-
ciens appellent défloration ,
leurs maris ne peuvent avoir
avec elles parfaite délectation voluptueuse conjugale ,
pour ce que ces tendres fillettes , et qui jamais n'avalle-

rent pillules incarnatives ; quand ce vient à les incorporer, ne savent qu'elles font, et est un labeur inestimable, que de les frotter et estriller, jusqu'à ce qu'elles soient domestiquement apprivoisées, à hardiment exercer l'acte de génération ; mais la gaillarde vefve, qui a gousté et souventes fois savouré le suppositoire barbarique, puis a demeuré quelque temps sans en user, quand ce vient aux secondes nopces à recommencer, pour gratifier son second mari, aussi pour en prendre un bon repas sans péché, dont elle en a longuement jeûné, outre ce, a appris en ses premieres nopces, elle fait quelques gestes d'avantage de souplesse de corps, plus allegre qu'elle n'avoit accoutumé.

Or le titre de la question sur laquelle ce présent traité se fonde, est tel ; car une jeune femme vefve, qui, en ses premieres nopces, aura porté un enfant aussi grand qu'un homme, et puis des petits en après, perdant son mari, elle demeurera cinq ou six ans en vefvage, sans besogner du métier

métier de nature, à savoir
mon, s'il est possible que le
con lui puisse bonnement
tourner en si louable dispo-
sition, qu'elle sente douleur,
et ledit con lui cuise, quand
l'on recommencera à labourer. Pour la décision de cette
question tant ardente, et pour
satisfaire aux desirs des dames
et damoiselles, et honorables
vefves, j'ai eu conférence
avec beaucoup de vénérables
et anciennes prélates et pu-
diques matrones, expertes en
tels secrets, avec lesquelles la
disputation a plusieurs fois
duré assez longuement, pour

mieux investiguer le fonds de la matrice subtile ; enfin , la résolution fut telle, comme ci-après entendrez vers la fin de ce présent traité , lequel a l'honneur du dévot sexe féminin. Dont nous prions affectueusement , et afin que tous nobles esprits , hommes et femmes , et autres des états desquels il appartiendra , entendent plus distinctement et facilement le contenu d'icelui , séparé et divisé par chapitres , comme ci-dessous est ordonné; vous suppliant, mes très-honorés lecteurs, prendre en gré mon petit labeur.

Cons de dames et damoiselle,
Cons de bourgeoise, et de pucelle
Cons de servante, et de couvent,
Sont tous tournés d'un même sent.

CHAPITRE PREMIER.

De quelle maniere sont les cons, et leur différence.

IL est premier à noter que tous cons généralement sont composés, emparés et conformés d'une carnalité spongieuse et obédiente sans rebellion, laquelle, de sa propre nature, se dilate, et lui fait place selon l'opportunité de son indigence. Si est à savoir qu'il est des cons de plusieurs sortes : les uns sont thisics,

les autres hydropics, puis
d'autres médiocres. Entre les
deux cons thisics, les uns
sont comme une petite es-
clatte fendue , enveloppée
d'un peu de peau sans motte
ne relevure. D'autres y a de
cette sorte, qui ont un peu
de promotoire, et au donjon
il se treuve un os barré qui
empêche et efface la volonté
et puissance que l'on y cuide
treuver ; pour cet effet, c'est
un pauvre et malheureux métier. Des cons médiocres, selon qu'ils s'éloignent du thisic, et approchent l'hidropic,
ils s'emmeliorent et en sont

plus magifiques. Néanmoins, tout ainsi que le thisic est contagieux, ceux qui s'en approchent semblablement sont tous infectés. Cons hydropics sont contagieux, et inficient les membres dont ils sont visités. Et pour cette cause, quand feu missire Ollivier de la Marche, chevalier, jadis tant renommé en armes et en allégance, comme un autre César, et déja tant âgé, se voulut remarier à une ancienne damoiselle de la maison de Bourgogne, laquelle damoiselle estoit haute, et montée sur eschas, maigre

et pleine d'arrestes , avec un
long con thisic et contagieux.
Il vied un sien ami, bon compagnon de Picardie , lequel
tâchant lui dissuader ce ma-
riage , en se gaudissant , lui
en envoya tout au long le
rondeau ci - après.

RONDEAU.

Un con basti de deux esclattes ,
Et puis bordé de noire matte ,
Et teint d'un tissu cramoisi ,
A pris un chevalier moysi ,
Qui ressembloit un roi de cartes ;
Il avoit les baleures plattes ,
Et d'une blancheur toute matte ,
Quand ce chevalier l'eut choisi.

CE CON·

Au garnier où l'on prend des rattes,
Il a reçu des coups de pattes,
De langues d'ouï et de si ,
Plus qu'un couvreur de Boisgency
N'a rabattu de cloux à lattes.

Touchant les cons hydropiques, les uns ressemblent à une grosse boignette fendue; les autres un gros cœur de mouton, mi parti par le bas, et de ceux-ci , le fruit est beaucoup plus plaisant et beaucoup voluptueux. Et pour tant un grand commissaire des guerres , en son temps grand perscruteur des secrets muliebres , à la requeste de monsieur des Cordes , lors gouverneur de Picardie , fit deux élégantes ballades ; l'une de la perfection et beauté d'un cheval , et l'autre , de l'excellence de sa femme : et quand il vient à décrire la région de basse frise, il dit que la belle femme doit être comme il suit. Savoir :

Parmi les reins bien fournie en charnée,
Grosses cuisses, devant haute enconnée,
Et en beauté parfaite à l'advenant,
De doux racueil, et de rebelle entrée

Le ventre épois, motte de frais rasée,
Le cropion tenir directement,
Et son bourdon serrer estroitement,
Je ne m'enquiers de trop ou peu profonde.
Le compagnon porter joyeusement,
Parfaite en biens, seroit la plus du monde.

CHAPITRE II.

De la dimension des cons, et de leurs diverses ouvertures, et comme se font les cons camus.

N o u s avons bonifié les cons; maintenant, pour la plus ample déclaration de ces cons tant solemnels, pour autant qu'il en est de plusieurs volumes, c'est assavoir que les uns, ont l'ouverture longue, les autres de moyenne longueur, et les autres par l'entrée quasi ronde, en la plus haute région. Et de cette derniere sorte, la plus commune opinion des docteurs est, que ce sont de celles qui, de leur jeunesse, se sont laissées courtoisement parforcer debout, et ont longuement continué ces douces allarmes en cette sorte, dont est advenu par succession de temps, que par icelle agréable continuation, et quelque longueur qu'il y eût en leur fendasse, cette assiduité de combattre debout, à réduit la longueur en rotondité. Puis quand c'est venu que loisir leur a esté donné de militer couchées, cette rotondité bien commencée s'est premier réduite en lozange, et puis après finalement en longueur compétente. Et si telles créatures sont de bonne et grassette complexion, et continuent longuement cette copulation d'être, comme il advient souvent ès cours de ces grandes dames, où il se faut occultement dérober derriere les tapisseries. En la fin pour l'assiduité de tant souvent les agiter contremont, on remonte leurs carnosités connalles, en sorte qu'on fait les cons camus, ressemblant au groing d'un mullet engendré d'un taureau, reservé qu'ils n'ont point d'oreilles, et leurs a-t-on coupées, pour ce que ce sont larrons, qui ont tout plein crocheté et attiré de boudins ; et tels cons bien garnis de leurs mottes, sont cons admirables, jurisdicques, selon les docteurs *in Braye et a Juris*. D'autres y en a qui sont faits par despit, et se peuvent nommer cons despiteux, oubliés de nature, pour lors bien courroucés ; et n'ont ces cons qu'un méchant petit

pertuis, pour, par voye de dis°
tillation, purger les reliques
de l'impotence féminine : et
de ceux-là ne se peut-on aider
sans précédente incision, qui
est une chose forcée et mal
plaisante. Et quoique l'on en
dise, si celles qui l'on tel,
demeurent longuement sans
besogner du mestier de nature ; c'est toujours à recommencer, pour ce que cons ar-
tificiels ne sont jamais de telle
perfection que les naturels ;
d'autant que nature passe l'ar-
tifice. Touchant les cons et
les moyens, je les remets au
chapitre ensuivant.

CHAPITRE III.

Diverses opinions de la diversité des cons, selon aucuns docteurs.

DE la diversité de ces cons longs, moyens, ronds, et autrement figurés, les docteurs en sont de diverses opinions : les uns disent que cela procede de la diversité des complexions, alléguant Avicenne et Hypocrate, disant que femmes colériques

sont volontiers longues et
grêles, et ont le con maigre,
thisic, et de longue ouverture. Les mélancoliques,
seiches et édustes comme un
bâton de four, l'ont commu-
nément si très-mal basti que
l'on ne sait ce que c'est, si-
non qu'en le tâtant, on juge,
par conjecture, qu'il y a
quelque ouverture entre deux
malostrues pieces d'os, ou
de bois mal ordonnés, comme
un chevron rompu. Et de ces
deux sortes de cons, ainsi mal
esquipés, parent deux mar-
tiallement se trouvent des
cons engraissés, cons barrés,

cons chevronnés , cons gi-
rondés , cons empalés , cons
grenelés , dont les deschifre-
mens sont d'inutile déclaration, parquoi je m'en tais , et
si telles créatures deviennent
fort vieilles , vous leur trou-
verez les cons ridés , vermou-
lus ; et de tels cons , je les
ai effacés , et du tout adni-
chilés , je n'en ai point fait
d'estime. Les pures flegma-
tiques sont volontiers courtes
et trapes , et ont le con gros
et enflé ; il semble communé-
ment qu'il soit embouré d'é-
toupes , et ne rebondist point.
Les pures sanguines sont de

médiocre stature , et l'ont
d'un volume agréable et plaisant, en fendeure et en motte,
et sont volontiers allaigres ,
et toutes appareilles, avec une
plaisante et amiable promp-
titude , d'endurer l'assaut ,
s'il est expédient. Mais celles
qui sont sanguines flegma-
tiques , compactées en deue
proportion et amiable con-
cordance d'humeurs , sont
de compétente stature , ne
trop grandes , ne trop petites,
et ont le con au devoir enflé ,
gros mouflu, respondant très-
bien à son homme : et tels
cons se peuvent méritoire-

ment appeller cons domes-
tiques, tous propres au mes-
nage, à les employer, et aussi
bien aux champs qu'à la
ville, et aux festes comme
aux jours ouvriers : et sont
lesdits cons instralement en-
clins et préparés, s'il est be-
soing, comme souventes fois
il advient, à comparoître entre deux portes, et telles femmes prennent grand plaisir et
délectation, quand on les
frait hermofrodites. Et pour
les garder de tomber en suf-
focation ou descendue mar-
tialle, c'est le secret de souvent les flebothomer de la

veine du milieu, car elles le méritent. Je me tais des cons des boyteuses, qui sont faits en §, et qui font la gargouille : car selon les complexions qu'elles tiennent, ils peuvent participer des bontés ou malheurs des cons ci-dessus déchiffrés.

CHAPITRE IV.

*Quels cons l'on doit élire,
et lesquels on doit éviter.*

OR maintenant, toutes choses bien considérées et advisées, il faut autrement procéder à l'élection de ces cons, pour la conservation de l'humaine santé, pour éviter aussi dangers intolérables ; partant je vous exhorte qu'ayez à éviter, comme le foudre, ces cons thisics et contagieux, et ceux qui sont trop hantés, et qui ont tenu

les rangs à tous venans, se
doivent fuir comme la tem-
peste, car volontiers ce sont
des cons esgarés, cons en-
chancrés, cons fistulés, cons
ulcérés, cons hercipillés, cons
barbouillés, cons morphés,
cons saphvetés, cons encra-
cés et merphigues, et peut-
être istiomenés et en plusieurs
lieux ordement cicatrisés, et
encore piconsolidés, et par
conséquent cons criminels,
et pour leurs crimes, cons pas-
sés par les picques ; fuyr les
faulx expressément, comme
le beau feu Gréjois, car en
tels cons les délectations sont

hasardeuses, et de si perni-
cieuse conséquence , qu'il
vaudroit mieux se châtrer un
bon coup, que d'en guere user.
Mais élisez de ces cons bien
disposés et bien illustres ,
triomphans et bien propor-
tionnés en motte et en ouverture , et en mobilité gros et
mouflux , dont dessus est
parlé , principalement des
femmes blondes et crespelées,
qui sont filles du soleil , et
très-aspres et convenables aux
conceptions, et telles ont volontiers le con doré , et quand
on les peut treuver jeunettes
à l'âge de quatorze ans ou
environ

environ, peu plus que moins,
et qu'ils n'ont encore que peu
ou point de laine sur peau,
telles, oultre la dorure, ont
hardiment le con sacré, et
de semblables se fait bon ac-
cointer. Mais pour ce que les
déchiffremens de ces secrets
intérieurs en si profonde région, ne peuvent porter
grande récréation, et moins
de décoration à notre forest,
et que, je m'en suis pu passer au
bon contentement de notre
question, je m'en suis déporté.
Qui en voudra savoir davan-
tage, recoure aux livres de
Avicenne et Hypocrate, et

4

traictés d'anatomie. Dieu ,
qui a tout fait , vous doint à
tous et toutes qui le lisez , le
comble de vos gentils desirs.
Et de prendre plaisir et contentement de lire ce petit
livret, qui a été fait pour
vous récréer :

Qui voudra belle femme querre ,
Prenne visage d'Angleterre ,
Qui aie le corps d'une Flamande ,
Et les reins d'une Normande.
Entée sur ung cul de Paris ,
Il aura femme à ses desirs.

AUTRES.

Celle qui a les bras charnus ,
Grosse mamelle, nez camus ,

Longue raison et courtes mains,
Elle est subjette au bas des reins.

AUTRES.

Fille qui fait tettins parroir,
Son corps par estroite vesture,
On se peut bien appercevoir,
Que son con demande pasture.

———————

BAIL
DES CONS.

Excellent pour ceux qui ont vouloir de bailler et livrer semblable chose (y contenue) sens et rentes d'une jeune dame aux beaux yeux , de son devant, qu'elle constitue aux sens et rentes , devoirs, propriétés convenables , ci-après mentionnées et déclarées audit présent bail à ferme, qui s'ensuit ci-après :

FUT présente en sa personne, dame de jeunesse aux beaux

yeux , grande maîtresse de son con, et grande dame de la Saussaye-qui-Pissote ; laquelle confesse avoir baillé, et s'offre en laisser jouir à toute heure, à tiltre de croist et de sens, à Symphorien de la Fesse , maistre apprenti de remuer trippes, demeurant à Sainct-Sanxon , à ce présent preneur audit tiltre de sens , pour lui et pour tous ceux qui voudront habiter audit lieu seigneurial , ci - après déclaré :

C'est assavoir, un con , en tous sens, duement borné ,

et bordé par voyes et sentier,
ainsi qu'il se poursuit de
toutes ses superfluités, à présent exempt de toutes parts,
assis au lieu de la Motte,
soubs le Ventre; qui se con-
siste en la grande salle, cuisine, plusieurs chambres, et
garde-mangers, tant d'hyver
que de l'esté, court, jardin
fumé et en toutes saisons,
cloisonnés de plusieurs et ri-
ches tapisseries d'or jaune et
changeant. Esquelles dites
chambres sont les meubles et
immeubles qui s'ensuivent :

ET PREMIER,

Assavoir, à l'entrée une barre d'or glissant, un entrepet ridé, legimbandant pelé, le grand caquenard, le trou remmanché tout à neuf et la ballole rabattue forte, et puissante, et ès environ dudict lieu, taillis à tondré quatre fois l'an, pour le moins, sans les balliveaux pendans par les raciens, et l'aisance au puis profond qui ne tayrist jamais, ains fournist à boire aux voisins ordinairement. Le tout contenant deux quartiers en

montaigne, et deux arpens
en vallées obscures et téné-
breuses, tendant d'une part
à la rue de Mordelle , et
d'autre part aux deux Cuisses,
aboutissant d'un bout par le
bas à la fente et corne du Cul,
près la rue des Fesses, d'autre
bout au petit Ventre, le grand
sentier entre deux. Et en la
censive de M. Culton , et
chargé envers lui de sens et
rentes qu'il doit, sans autres
charges que celles ci-après :
Lequel sens ledict seigneur
de Culton, et du Grand-Cul,
sera tenu souffrir et endurer
passer les eaues et immon-

dices dudict Con , sans pour ce faire aucune diminution dudict sens , à la charge aussi que ledict preneur sera tenu labourer, cultiver autres substances , et entretenir de fonds en rive ledict Con , en si bon estat , labeur et valeur , que ledict sens s'y puisse prendre, engaiger , bailler à autres sens, ni autrement aliéner ne transporter partie ne portion dudict Con , sans le tout. Mais de tout icelui con eslargir, croistre, augmenter et non diminuer, le ramoner, fourbissant et substantant souvent, de jour en jour, et d'heure à autre, ainsi qu'il est bien requis et très-nécessaire. Et où le preneur voudroit laisser ledict lieu, et s'en trouve trop chargé et lassé, sera tenu le rendre en substance , bon estat et deu, avec les ustenciles et meubles ci - après déclarés , autres menues drogueries qui se pourront trouver. Et pour seureté dudict sens et entretenement et restitution, ledict preneur alié et obligé un lieu appellé Couillard , garny de deux bonnes pieces fortement encloses , avec sa forte et ronde lance,

dont il a accoustumé com-
battre. Et, si accordé par ce
faisant, qu'il sera tenu souffrir en l'une des chambres dudict Con , et lieu baillé à
sens, loger les pauvres aveugles qui y voudront habiter ,
en y faisant par eux à l'entrée
amende honorable à deux ge-
noux, teste déchapperonnée,
la torche au point, en baisant
ledict Con, aussi le plus di-
gnement que faire se pourra,
selon la dignité dudict lieu ;
lesquels aveugles seront te-
nus , avant que de sortir ,
pleurer, et laisser la bourse
vuide, pour récompence et

bon sentiment qu'ils auront
receu en icelui lieu, flustes
et joyeux instrumens qui les.
ont fait danser : car ainsi a
esté accordé ; autrement ne se
fut le marché fait entre les dic-
tes parties, qui à l'entretenir
se sont submis, à peine de trois
fois le jour, amasser les grin-
guenaudes tombant des taillis estant des dépendances de
la seigneurie du Cul, et lieu
baillé à sens, par celui qui
contreviendra à autre substance dudict bail ; qui fut
passé en présence du seigneur
de la Vessieres, Colin Mor-
dant, Grosjean le Morfondu,
Guillemin

Guillemin Croquefolle, An-
toine Cassemotte, et un vé-
nérable docteur (en cornar-
dise) duquel je ne sai le nom,
je m'en enquerrai en dor-
mant. Le mardi - Gras après
souper, l'an mil dict jamais.
Aussi signé, Baise-mon-Cul,
et Garde-bien-le-Trou.

*Fin sans fin, attendez la
farce.*

AUX LECTEURS;

SALUT.

PROGNOSTICATION.

DES CONS SAUVAGES.

Reprenant les sots astrologues,
Elle est si vraye que c'est rage,
Et si vaut mieux pour un village,
Le tiers, qu'une poche de drogues.

OR faictes paix, taisez-vous là,
Et croyez ce que m'oyrez dire:
Autant deçà comme delà,
Pas ne suis venu pour vous nuire,

Mais afin de vous instroduire
Suis ci venu en grand instant ;
Faux astrologues contredire ,
Desquels le monde est mal-content.

Ces méchans pronostiqueurs couchent
En escrit du temps advenir ,
Et semble qu'aux planettes touchent
Du bout des doigts , à les ouyr ,
On les deust tous vifs enfouyr ,
Ou les jetter dans la riviere :
Hors du pays les ferai fuyr ,
Si je puis , avant qu'il soit guere.

Savez-vous de quelle matiere
Je veux ici en droit parler ?
Je vous veux monstrer la maniere
De savoir quand devra gresler ,

5 *

Plouvoir, tonner, et esclairer,
Dont souvent estes en esmoy ;
J'espere, avant que m'en aller,
Qu'en saurez autaut comme moi.

Qui veut ma science comprendre,
Achepte des cons, s'il n'en a ;
Il en est qui ne font qu'attendre
Qu'on les embesogne à cela ,
Mais acheptez-en de ceux-là,
Qui ont sens et entendement,
Et n'en prenez point de plus là ;
Ou vous perdriez votre argent.

Tout ce que nous prognostiquons,
Le comprenons en un vieil livre ,
Nommé kalendrier des cons ,
Et contenant cent et un livre ;

Et si, s'il qui aura le livre,
Veult feuilleter la librairie,
Lui fault ung cierge d'une livre,
Pour le droit de la confrairie.

Le premier du kalendrier,
Est souvent si froid que merveilles,
Aussi est-il comme Janvier,
Son bonnet a grandes oreilles.
Si les cons ont les joues vermeilles,
Coygner leur fault très-bien les aynes
Aux fillettes, non pas aux vieilles,
Nous aurons pour bled des avoynes.

En Febvrier, qu'on nomme court,
Si vous voyez les cons farouches,
C'est adventure s'il ne court,
Le mois d'après, force de mouches.

5 * *

On ménera grand'guerre aux souches
Ce mois-là, s'il fait encor froid;
De peur que vos enfans soient louches,
Il faut percer les trous à droict.

Chacun sait que le mois de Mars
Ne faudroit jamais en karême,
Si les cons sifflent comme iars,
Il ne faut point que l'on se chesme
D'avoir fromage, laict et creisme,
Autant que jamais on en vit:
Si vous n'avez un con de mesme,
Par despit coupez-vous le vit.

Le mois d'Avril regarderas
Si les cons ont vertes oorées :
S'il est ainsi, dire pourras
Qu'il sera force de porées,

Et que les jeunes épousées
Desireront de leurs maris
Estre hochées à reposée,
Et sera force de sousris.

S'il advient qu'au mois de Mai,
Il ne fasse pluie ou rosée,
Vous savez aussi bien que moi
Que la toison sera tonsée,
Jamais ne feust tant de marée
Qu'il sera, mais nous en taison
Maquereaux, ou telle denrée,
N'empêchez point votre maison.

Le mois de Juin, donnez-vous garde
Si con ont une lippe jaulne,
Il sera force de moutarde
A digeon, et du vin de Beaulne.

On n'excommuniera au prosne
Ceux qui hocheront sans argent,
S'ils n'ont le vit plus long qu'une aulne,
A la mesure de Nogent.

Quant vient au mois de Juillet
Les cons ont souvent la consue;
Qui voudra ouvrir le feuillet
Fasse premierement revue.
Il voirra, s'il n'a la berlue,
S'il y a boutons aux rosiers;
Car puisqu'il faut que l'homme sue,
D'aller aux lymbes, a dangier.

En Aoust les cons ont de coustume
A estres pals et dégoutez,
Et ont une grosse apostume,
Regardez bien où vous boutez;

Piquez tout beau, et vous hastez,
Chevauchant par vaulx et par plains,
Car vous serez bien mal montez
Quand vous n'aurez que des poulains.

Je vous advertis, bonnes dames,
Tous les ans au mois de Septembre,
D'avoir de bonnes sages-femmes
Avecque vous en votre chambre,
Car on vous tirera un membre
Au corps, dont changerez couleur,
Chacune de vous se remembre,
De prendre en gré cette douleur.

Le mois d'Octobre vient après,
Que l'on séme les bleds en terre,
Si les cons sont pressés trop près,
Et qu'on leur veuille faire guerre,

Fault le vit aussi dur que pierre,
Si faudra-t-il qu'il amollisse ;
Et s'il cuide gagner Sanxerre,
Non sera, mais bien la police.

Pour certain, le mois de Novembre,
Si les cons font laide grimace,
Par cela donnent à entendre,
Que c'est afin qu'on les rebrace.
Si le con d'une jeune garce
Se met à muer ce moys-là
Pourroit-on le suivre à la trace,
Jusques à Sens, et bien pus-là.

S'ils ont la motte grosse et dure,
En Décembre, il est fort à craindre,
Qu'il en sortira de l'ordure,
Si peu ne les sauroit-on poindre,

Et ne pourra, la playe rejoindre,
Pour oingture que l'on lui baille,
L'on oira maint bon homme plaindre,
Qu'on lui baille trop de la taille.

Messieurs, voilà les influences,
Qui peuvent advenir sous les cieux,
De ces cons l'on dict par sentence,
L'ung sent le jeune, l'autre le vieulx;
Vous en voyez devant vos yeux,
La bulle vraye et authentique;
Acheptez-là, pour la voir mieulx,
Si sentez y avoir pratique.

Prince, nous aimons les flâcons
Remplis, afin que y croquons
Et les perdrix prins aux faulcons,
La moitié plus que ces gros cons.

CI-APRÈS ENSUIT

LA CHANSON,

CHANTÉE DE TRÈS-MÉCHANT SON.

Vous qui tenez escolle
Du bas esbattement,
Gardez en chaulde colle
De gâter l'instrument,
Car la grosse vérole
Se prend soudainement,
Puis on est mis au roole
D'amoureux en tourment.

Le

Le trou de la femelle
Mord cauteleusement,
Bien souvent la plus belle,
En a couvertement :
Portez de la chandelle,
Regardez bassement,
Qui d'en porter se mêle,
Il faict très-sagement,

C'est grosse seigneurie,
D'estre perlifié,
Pour aller en suerie,
Estre vivifié :
N'en ayez point d'envie,
J'en suis certifié,
Autant vault sur ma vie,
Estre crucifié,

Le joyaux de la brague,
N'a esté mal courtoys,
Car pour un coup de bague,
J'en ai sué un moys,
Plus aspre que LIGNAGUE,
M'ont fait toucher le boys;
Au diable soit la dague,
Et le jeu du biscoys.

Lyez et goustez le pourpoint,
Non sans avoir quelque remord :
Le compositeur en est mort,
Qui tout avoit d'un seul coup point.

Ce livre-ci fut composé
A Naple au pays de Suerie,
Auquel lieu a esté porté
A un maistre d'imprimerie;

Lequel soudain, je vous affie,
Pour l'imprimer cessa toute œuvre;
On le vend à la bourgeoisie
De Rouen, rue de la Chieuve.

———————

6 *

La source du gros fessier des nourices, et la raison pourquoi elles sont si fendues entre les jambes.

***

Considérant que temps perdu entr'autres choses est bien difficile à recouvrer, et voyant que la debille, languissante et malheureuse oysiveté vouloit tendre ses lacz et filetz de pigricité, pour ainsi que grues me prendre à l'englux ou pipée, affin de plus seurement m'en esloigne, j'ai entreprins estendre, mon vol jusqu'aux théastres philosophaux , et d'iceulx extraire une des plus natura- listes raisons que toutes les autres que je sache , et en laquelle moins d'utilité que récréation vous verrés. Et si est autant loing de mensonge que est un chien de sa queue. Je doubte que faciez diffi- culté de la croire , et n'eust esté que vous m'avez trouvé credible , et que vous me por- tez cette grande foy , ne me feusse ingéré vous en mettre aucune chose en lumière.

Or après avoir attentifve- ment , et avec pénétrance ,

6 **

contemplé les astres du ciel, et joinct à ma raison les grans argumens et autorités de l'infiny nombre de mes prédécesseurs souverains philosophes, je me suis mis à rememorer comme Prometheus donna charge à Pandora de faire à sa compaigne une ouverture entre ses jambes, par laquelle il peust passer aussi gros que le noyau d'une pesche; et lui dist outre plus, quant tu auras fait ce pertuys si tu voys que la playe s'eschauffe, et que le feu s'y mette, tu prendras d'une huylle de reins, et lui en frotteras la playe par le dedans. Et si tost que Pandora eust ouy ce commandement alla à sa femme pour l'exécuter, et en allant s'esbayssoit en lui-mesme et pensoit en quelle occasion Prometheus lui commandoit faire telle incision. Pour ce que le dict Pandora estoit un peu sourd, il pensoit que Prometheus lui eust commandé faire ung trou à mettre un hoyau ou une besche, au lieu d'ung noyau de pesche. Toutes fois sans s'enquerir, ne pourquoy, exécute son commandement ; car entre les

jambes de sa femme, au bout
des cuisses, au plus bas du
ventre lui feist la cicatrice
aussi grande comme un ho-
yau, ou une besche, pour le
noyau d'une pesche. Je ne
vous sçaurois dire si juste-
ment lequel se fust des deux :
car en grandeur ou longueur
ils ne sont gueres différens.
Je ne m'y suis pas amusé ne
arrêté, pour ce qu'on en voit
assez tous les jours pour le
sçavoir et bien cognoistre.
Mais de malheur et de malle
fortune le povre homme re-
gardoit de près s'il faisoit
bien, et ladicte femme lascha

une grosse vesse orde, puante
et infecte , qu'il en feust tant
estourdy qu'il ne sçavoit ce
qu'il faisoit, et en tressaillant
de paour son instrument va-
cillant en sa main feist le
trou si très-profond , que de
la fente ne sçeust trouver le
bout, qui est pourquoy il est
incurable : et aussi par sa
sourdité l'avoir fait aussi
grand que une besche , au
lieu de le faire comme pour
mettre le noyau d'une pesche.
Et le pire que j'y voye , c'est
que les femmes qui en sont
yssues ont telle playe comme
celle que feist ce dict Pan-

dora, et nous povres hommes en sommes détenus en un très-grand servage. Parquoi après que le dict Pandora lui connoissant et sçachant avoir failly et erré grandement envers ladite femme, pour la contenter s'efforçoit du tout de luy donner de son huylle de reins, par quoy nous aultres hommes héritans de ce malheur sommes subjects leur en faire au cas pareil.

F I N.